Inhaltsverzeichnis

Kotlin_kompakt_ richtet sich an alle Java-Profis, die mit minimalem Zeitaufwand in die Kotlin-Entwicklung einsteigen wollen.

Durch die Konzentration auf das Wesentliche in kompakten Kapiteln, lernst du Kotlin innerhalb weniger Nachmittage oder einiger U-Bahn-Fahrten kennen, und bist bald in der Lage, eigene Kotlin-Programme zu schreiben.

Wie der Titel es vermuten lässt, ist **Kotlin**_kompakt_ ausdrücklich kein allumfassendes Werk zu Kotlin. Vielmehr konzentriere ich mich auf die notwendigen Grundlagen und besten Features, die Kotlin zu bieten hat, und deren Kenntnis für einen guten Start in die Kotlin-Entwicklung aus meiner Sicht am wertvollsten ist.

Über den Autor

Mein Name ist Thorsten Schleinzer, ich bin Diplom-Medieninformatiker (FH) und seit über 20 Jahren professioneller Softwareentwickler und -Architekt.

Schon lange beschäftige ich mich intensiv mit unterschiedlichen Programmiersprachen. Ich habe mit BASIC begonnen, über Pascal/Delphi und Assembler bin ich zu C/C++ gelangt und schließlich bei Java angekommen. Auch wenn ich bereits seit Version 1.2 bevorzugt mit Java entwickle, habe ich daneben mit etlichen anderen Sprachen gearbeitet oder tue das noch heute: C#, PHP, JavaScript/TypeScript, Ruby, Dart, Lua, Scala und einige andere.

Doch erst mit Kotlin gelang es einer neuen Sprache, mich vollauf zu begeistern und von einem Wechsel zu überzeugen.

Als **KotlinCoach** biete ich umfassende Informationen, Support und Schulungen zu Kotlin an: https://kotlin.coach .

Copyright

Quick Facts zu Kotlin

- In Kotlin ist ein `;` nach Anweisungen nicht zwingend notwendig.
- Kotlin ist *null safe*.
- Kotlin bietet 100%ige *Java-Interoperabilität*.
- Kotlin ist *streng typisiert*.
- Kotlin kennt/braucht *keine Primitive*.
- Kotlin-Klassen haben *Properties*, nicht nur einfache Felder.
- Kotlin bietet *Data Classes*, mit automatisch generierten `equals` / `hashCode` - Methoden und mehr
- Kotlin kennt nur Runtime Exceptions, *keine Checked Exceptions*.
- Kotlin hat *kein `new`*.
- Kotlin unterstützt *Operator Overloading*.
- Kotlin-Funktionen unterstützen *Default-Werte für Parameter*.
- Funktions-Argumente können in Kotlin alternativ *mit ihrem Namen* referenziert werden.
- Kotlin bietet *String-Interpolation*:
  ```
  println("Hello, $userName! You have ${inbox.size} new messages.").
  ```
- Kotlin unterscheidet zwischen *mutable und immutable collections*.
- Kotlin kann nicht nur zu JVM Bytecode kompiliert werden, sondern auch nach *JavaScript*.
- Kotlin ist voll *kompatibel mit Java 6*, was insbesondere für Android-EntwicklerInnen interessant ist, die auch Nutzer erreichen möchten, die nicht die allerneuesten Mobil-Geräte verwenden.
- Kotlin ist eine *offiziell unterstützte Sprache für die Android-Entwicklung*.
- Kotlin bietet *Coroutinen* als Alternative zu "blocking multithreading".
- Kotlin ist *open source* und wird unter der Apache License 2.0 veröffentlicht.
- Kotlin wird federführend entwickelt von *JetBrains*, dem Unternehmen hinter "IntelliJ IDEA".

Kotlin-Code verstehen

Selbst als erfahrener Java-Entwickler war es für mich anfangs nicht einfach, die vielen Kotlin-Beispiele und existierenden Kotlin-Code zu lesen und zu verstehen - insbesondere solcher, der gleich von mehreren der vielen Kotlin-Features gleichzeitig gebraucht machte.

Doch wenn man sich schwertut, selbst kürzere Code-Beispiele einer neuen Sprache zu verstehen, obwohl man zum Beispiel mit Java schon jahrelang professionell arbeitet, stellt das eine große Hürde und Motivations-Bremse dar, sich in die neue Syntax einzuarbeiten.

(Wer schon mal versucht hat, das Zehnfingersystem zu erlernen, obwohl es schon etliche Jahre auch mit nur vieren gut geklappt hat, weiß, was ich meine …)

Um diese Hürde schnellstmöglich aus dem Weg zu räumen, möchte ich mit dir direkt "den Sprung ins kalte Wasser" wagen und im Folgenden ein Kotlin-Beispiel ausführlich durchgehen. Danach, so hoffe ich, hast du genug Rüstzeug, dich von Kotlin nicht (mehr länger) abschrecken zu lassen, sondern voll einzusteigen.

Obwohl es sich dabei um relativ simplen Kotlin-Code handelt, ist er selbst für Java-KennerInnen nicht unbedingt sofort durchschaubar, vor allem weil er gleich mehrere Kotlin-Sprachkonstrukte verwendet und kombiniert:

```
val strings = listOf("Hello", "World", "!")
val lengths = strings.map { it.length }
```

Doch gleich wirst du genau verstehen, was dieser Code macht und - davon bin ich überzeugt - begeistert sein, was Kotlin dir im Gegensatz zu Java alles erlaubt, ermöglicht und abnimmt.

Variablen deklarieren

Fangen wir mit der allerersten Zeile an. Diese ist eine Deklaration der Variablen `strings`, mit gleichzeitiger Initialisierung.

Sofort fällt das, in Java (noch) unbekannte, Schlüsselwort `val` auf. Auch fehlt "irgendwie" die Angabe des Typs der Variablen. Was hat es damit auf sich, wo Kotlin doch eine streng typisierte Sprache ist?

Um diesen Fragen auf die Spur zu kommen, betrachten wir zunächst ein ähnliches Beispiel im Vergleich zu Java:

Hier ist eine Deklaration der Variablen `i` vom Typ `int` in Java, die direkt mit dem Wert `42` initialisiert wird:

```
int i = 42;
```

In Kotlin sieht dieselbe Variablen-Deklaration folgendermaßen aus:

```
var i : Int = 42
```

Das wirkt gegenüber Java "umgedreht".

Variablen-Deklarationen in Kotlin beginnen *nicht* mit dem *Typ* der Variablen, sondern stets mit dem Keyword `var` oder `val` (der Unterschied zwischen diesen beiden wird gleich erläutert.)

Darauf folgt der *Name* der Variablen.

Um schließlich den *Typ* anzugeben, wird dieser gleich nach einem `:` notiert. (Das große 'I' in `Int` ist übrigens kein Schreibfehler, sondern liegt daran, dass Kotlin keine Primitive kennt - doch dazu später mehr.)

Wenn man möchte, kann man, ganz wie in Java, die Variable dann auch gleich mit einer Zuweisung initialisieren, so wie im Beispiel auch.

var oder val?

Worin besteht nun der Unterschied darin, eine Variable mit `var` oder `val` zu deklarieren?

Im Grunde ist es derselbe wie der zwischen

```
int i = 42;
```

und

```
final int i = 42;
```

in Java.

Variablen, die mit `var` (**var**iabel) deklariert werden, kann später ein anderer Wert zugewiesen werden - bei solchen mit `val` (**val**ue) ist das verboten.

Dabei gilt das gleiche wie auch in Java: Nur die Variable selbst ist gegebenenfalls unveränderlich. Ist das Objekt, auf das die Referenz verweist, veränderlich, kann dieses über entsprechende Methoden/Properties getan werden - egal ob `val` oder `var`.

Type Inference

Bei genauer Betrachtung fällt dir auf, dass wir jedoch bei der Deklaration von `strings` im ursprünglichen Beispiel dessen Typ überhaupt nicht angegeben haben. In den meisten Fällen ist das auch gar nicht nötig. Vielmehr kann der Kotlin-Kompiler den Typ einer Variablen häufig über die sogenannte *Type Inference* selbst erkennen, wenn direkt eine Initialisierung folgt.

Darum genügt im obigen Beispiel auch einfach

```
var i = 42
```

oder auch

```
var map = HashMap<String, Collection<Long>>()
```

statt Javas

```
HashMap<String, Collection<Long>> map = HashMap<>()
```

das überhaupt erst wirklich lesbar wurde mit der Einführung des *Diamond Operators* (<>) in Java 7.

Im Beispiel, um das es in diesem Kapitel geht, stellt der Kotlin-Compiler automatisch fest, dass `strings` vom Typ `List<String>` ist. Dies erkennt er am Rückgabe-Typ der Standard-Funktion `listOf`. Dieser lautet `List<T>`, wobei `T` dem Typ der einzelnen Elemente entspricht.

Somit bleibt einem dank des intelligenten Kotlin-Compilers eine manuelle Typangabe erspart.

Selbstverständlich darf man diese aber trotzdem machen, zum Beispiel um den Typ auf `Collection<String>` zu erweitern, oder einfach weil es dem persönlichen Geschmack (beziehungsweise dem Projekt-Styleguide) entgegenkommt.

Wo wir gerade bei `listOf` sind: Obwohl ich diese "eingebaute" Funktion noch nicht einmal erwähnt habe, kannst du als Java-EntwicklerIn ihre Signatur sicher erahnen - in Java sähe sie in etwa so aus:

```
public static <T> List<T> listOf(T ... elements)
```

als statische Methode eingebettet in eine Utility-Klasse - nennen wir sie `CollectionUtils`.

Wir hätten diese nun statisch importieren können (nicht gezeigt), um sie so ohne den `CollectionUtils.` -Präfix aufzurufen.

Ganz ähnlich wird das auch in Kotlin gemacht. Nur ist die Signatur syntaktisch etwas anders - und Kotlin erlaubt es uns sogar, Funktionen auf oberster Ebene zu deklarieren, ganz ohne "Klasse außen herum"!

Funktionen deklarieren

Spoiler-Alarm: So sieht die Deklaration von `listOf` in Kotlin wirklich aus:

```
public fun <T> listOf(vararg elements: T): List<T>
```

Lass uns das Schritt für Schritt durchgehen:

`public` ist keine Überraschung für Java-Profis, soweit so gut.

Kotlin is lots of `fun`

Aber schon das zweite Keyword lässt selbst erfahrene JavaianerInnen stutzen, weil es kein `fun` in Java gibt (nunja, zumindest nicht so viel wie in Kotlin ;-)).

Genau wie Variablen-Deklarationen, die mit ihren eigenen Keywords (`var` or `val`) eingeleitet werden, werden auch Funktionen mit einem speziellen Keyword deklariert. Dessen Name `fun` steht, wenig überraschend, für *function*.

Am Ende steht der Rückgabe-Typ

Wie wir bei Variablen-Deklarationen gesehen haben, wird deren Typ ganz am Ende, nach ihrem Namen notiert. Dies gilt auch für Funktionen. Ihr Rückgabe-Typ folgt auf den Funktions-Namen (und eventuelle Parameter), getrennt mit einem `:`. Unser `listOf()` -Beispiel gibt also einen Wert vom Typ `List<T>` zurück.

Aber eins nach dem anderen: Nach `fun` steht eine generische Typ-Deklaration `<T>` - genau, wie man es aus Java kennt.

Dass nun der Name der Funktion (`listOf`) folgt, ist ebenfalls keine Abweichung von der Java-Syntax.

Doch gleich mehrere solcher folgen dann innerhalb der Klammern:

Lassen wir `vararg` kurz außen vor und schauen uns die Deklaration des (einzigen) Parameters `elements` an, fällt uns die frappierende Ähnlichkeit zu einer gewöhnlichen Variablen-Deklaration auf: zuerst der Name, dann ein `:`, gefolgt vom Typ. Es fehlt nur `val` oder `var` - einfach deshalb, weil in Kotlin Funktions-Parameter immer implizit `val`, also "final", sind. (Das ist eine der zahlreichen Gelegenheiten, die Kotlin nutzt, die über die Jahre gewachsenen "best practices" umzusetzen, die Java aufgrund von Abwärtskompatibilität nie durchsetzen konnte.)

Das `vararg` Keyword ist schließlich einfach Kotlins Ersatz für die aus Java bekannten `...`, die man dort zwischen Name und Typ des Parameters notieren würde.

Wie bereits gesagt folgt abschließend nur noch der Rückgabe-Typ der Funktion, getrennt mit einem `:`, und schon ist die Funktion vollständig deklariert.

Funktionen auf oberster Ebene

Erinnerst du dich, dass ich erwähnte, man könne in Kotlin Funktionen ganz ohne äußere Klasse deklarieren? So kann man auf die allseits "beliebten" Utility-Klassen wie `CollectionUtils` verzichten, die nichts weiter sind als Container für statische Methoden.

`listOf` ist genau solch eine Funktion auf oberster Ebene, die von der Kotlin Standard-Bibliothek im Package `kotlin.collections` zur Verfügung gestellt wird. Damit lautet ihr voll qualifizierter Name `kotlin.collections.listOf`. Aber Dank *statischer Imports*, wie man sie auch aus Java kennt, braucht man den vollen Namen nur äußerst selten, und einfach `listOf` genügt.

Selbstverständlich kann man auch selbst Funktionen auf Package-Ebene deklarieren und von diesem Feature profitieren.

Benannte Parameter, Default-Parameter & mehr

Funktionen in Kotlin bieten noch zahlreiche weitere nützliche Features, die man aus anderen Sprachen kennt. So kann man Parameter beim Funktionsaufruf beispielsweise per Name referenzieren oder mit Default-Werten für Argumente eine Menge an Method-Overloading sparen.

Aber da wir gerade erst angefangen haben, Kotlin kennenzulernen, und uns weitere Details an dieser Stelle vom Weg abringen würden, möchte ich dich für weitere Informationen auf die weitere Lektüre dieses Buches verweisen, oder auf die offizielle Dokumentation von Kotlin-Funktionen (» 1), wenn du bereits jetzt mehr wissen möchtest. Alle anderen folgen mir bitte zur nächsten Zeile des Beispiels:

```
val lengths = strings.map { it.length }
```

Higher-Order Functions

Jetzt wird es richtig interessant, und Kotlin lässt seine Muskeln spielen.

Wenn du dir das Beispiel betrachtest, wird dir sofort das `val` Keyword auffallen, gefolgt von einem Variablen-Namen. Wir haben es also grundsätzlich mit einer Variablen-Deklaration zu tun, die durch das `=` und den Code danach zur Definition wird.

Rufe dir nun noch in Erinnerung, dass `strings` eine Liste von `Strings` ist:

```
val strings = listOf("Hello", "World", "!")
```

Auf diese rufen wir nun eine Methode namens `map` auf - doch das sieht für Java-Augen nun etwas komisch aus, und man könnte meinen, ich hätte mich vertippt und statt runder Klammern versehentlich geschweifte eingegeben. Aber was wie ein Tippfehler aussieht, entpuppt sich in Wahrheit als sehr häufiges und äußert elegantes Kotlin-Idiom.

Um dieses jedoch erläutern zu können, muss ich dir zunächst *Higher-Order Functions* vorstellen, falls du diese nicht bereits von anderen Sprachen her kennst. (Lambda-Expressions aus Java 8 lasse ich nicht als vollwertigen Ersatz gelten.)

> *Eine Higher-Order Function ist eine Funktion, die andere Funktion(en) als Argumente entgegennimmt, und/oder zurückgibt.*

Das bedeutet, man kann in Kotlin eine Funktion an eine andere als Argument übergeben - und genau das tun wir in unserem Beispiel.

Die `map`-Methode ist Teil von `strings` (vielmehr von dessen Typ `List<String>`) in Kotlin. (Genauer gesagt handelt es sich dabei um eine sogenannte *Extension Function* des Typs `Iterable<T>` - solche Extension Functions sind ein weiteres sehr cleveres Konzept in Kotlin - doch dieses hier einzuführen, brächte uns abermals vom Weg ab, so dass ich dich nochmals um etwas Geduld bitten muss.)

Also kann man `map` auf `strings` aufrufen.

Falls es dir nicht bereits in Java 8+ untergekommen ist, fragst du dich sicher: "Was macht `map` überhaupt?"

Wie der Name vermuten lässt ("to map" = "abbilden"), bildet die Methode einen Wert auf einen anderen ab, oder "wandelt ihn um". Genauer gesagt, ruft man `map` auf einer Collection auf, wird jedes Element darin "transformiert", so dass eine neue Collection entsteht, die aus derselben Anzahl von Elementen besteht. Jedes davon jedoch nach den Regeln von `map` in einen neuen Wert umgewandelt.

Nächste Frage: "Was heißt 'transformiert'?". Gute Frage!

Genau das ist es, was wir mithilfe von `map` selbst festlegen können. Dazu akzeptiert `map` eine andere Funktion, die wiederum *genau ein Element der Liste* (in unserem Falle also einen `String`, da wir `map` auf eine Liste von `Strings` aufrufen) als Argument entgegen nimmt, und "etwas anderes" zurück gibt.

Beispielsweise könnten wir eine einfache Transformations-Funktion schreiben, die einen `String` entgegennimmt und dessen Länge zurückgibt (`Int`).

Das ist ganz einfach, und mit dem Wissen aus den vorherigen Abschnitten kannst du diese vielleicht sogar schon selbst formulieren, ganz sicher aber verstehen:

```
fun getLengthOfString(str: String): Int {
    return str.length
}
```

(Der einzige Stolperstein mag `length` statt `length()` sein. Warum das so ist, erfährst du im Kapitel über Properties.)

So weit, so gut.

Nun ist alles, was wir tun müssen, diese Funktion an `map` zu übergeben. `map` wird daraufhin alle Elemente in `strings` durchgehen, und für jedes davon unsere übergebene Funktion aufrufen. Dazu übergibt es das Element - also einen `String` - an unsere "Transformations-Funktion" und nimmt als Rückgabewert dessen Länge - einen `Int` entgegen.

Aber wie genau machen wir das?

Weil Kotlin *Higher-Order Functions* unterstützt, kann man Funktionen (in den meisten Fällen) genauso behandeln wie gewöhnliche Variablen auch. Das heißt, man kann beispielsweise eine Funktion einer Variablen zuweisen:

```
val getLengthOfString = fun(str: String): Int {
    return str.length
}
```

Im Gegensatz zu einer gewöhnlichen Funktionsdeklaration, die du bereits kennengelernt hat, sieht die Syntax etwas anders aus: Die Funktion selbst ist "anonym", weil wir keinen Namen nach `fun` angegeben haben. Stattdessen deklarieren wir eine Variable namens `getLengthOfString`.

Diese ist vom Typ *Function*!

Wir haben nun also eine *Referenz auf eine Funktion* in `getLengthOfString` - das bietet Java so nicht.

Nachdem wir das erreicht haben, können wir diese Referenz an `map` als Argument übergeben:

```
val lengths = strings.map(getLengthOfString)
```

Das sieht für den Java-Blick merkwürdig aus, da `getLengthOfString` eben keine einfache Variable ist, sondern eine Referenz auf eine Funktion. (In Java käme ein *Functional Interface* dem wohl am nächsten.)

Wie dem auch sei: Auf diese Weise können wir `map` unsere Funktion `getLengthOfString` übergeben, welche damit jedes Element in unserer `strings` Liste transformiert, was zu einer neuen Collection von `Ints` führt, die die jeweiligen Längen der `Strings` enthält.

Aber was hat es nun mit den merkwürdigen geschweiften Klammern aus dem Beispiel auf sich?

Der Weg zu diesen führt zunächst über das *Inlining* unserer Transformations-Funktion:

Wie jede andere Variable auch, können wir `getLengthOfString` "inlinen", indem wir diese Referenz direkt durch ihren eigentlichen Wert ersetzen - also in diesem Fall durch die Transformations-Funktion selbst.

Klingt kompliziert? Ist es gar nicht - und so wird's gemacht:

```
val lengths = strings.map(fun(str: String): Int {
        return str.length
    })
```

Wie du siehst, haben wir die Referenz `getLengthOfString` einfach buchstäblich durch ihren eigentlichen Wert ersetzt.

Aber da die Funktion ohnehin namenlos ist und "von außen" nun auch nicht mehr referenzierbar, können wir sie sogar noch kürzer ausdrücken, mithilfe einer *Lambda Expression*:

```
val lengths = strings.map ({ str : String -> str.length })
```

Diese sehen denen von Java sehr ähnlich: Unsere Lambda Expression nimmt ein einziges Argument `str` vom Typ `String` entgegen, ruft darauf `length` auf (im Zweifel bitte einfach die leeren runden Klammern hinzudenken: `str.length()`) und gibt diese (`Int`) zurück.

Wie du siehst, haben wir "vergessen", den Rückgabe-Typ `Int` explizit anzugeben. Doch das brauchen wir auch gar nicht: Der Kotlin-Compiler tüftelt diesen selbst aus, da er erkennt, dass `str.length` einen `Int` zurückgibt - somit auch die gesamte Lambda Expression.

Doch der Compiler kann noch mehr: Auch wenn wir ihm nicht explizit verraten, dass das Argument `str` vom Typ `String` ist, bringt ihn das nicht aus der Ruhe, sondern auch hier erkennt er das "automagisch":

```
val lengths = strings.map ({ str -> str.length })
```

Doch wie macht er das? Nun, der Compiler weiß, dass `strings` vom Typ `List<String>` ist. Also sind die einzelnen Elemente, über die `map` iteriert, vom Typ `String` - ergo auch das Argument `str`. Wie das im Detail funktioniert wird später im Abschnitt über *Extension Functions* klar - doch in dieser Stelle bleiben wir den geschweiften Klammern auf der Spur.

Fakt ist: wir können die manuelle Typangabe von `str` weglassen.

Aber wir können das Ganze noch einen Schritt weiter treiben. Wenn es nur *genau ein Argument* gibt, dessen Typ bekannt ist, kann man sogar dessen komplette Deklaration weglassen:

```
val lengths = strings.map ({ it.length })
```

Ok, jetzt ist die Deklaration weg - dafür ist ein ominöses `it` erschienen!?

Zunächst haben wir den Typ von `str` weggelassen und nur noch den Namen des Parameters festgelegt, um ihn referenzieren zu können. Da wir nun sogar auf diesen verzichten, springt der Kotlin-Compiler in die Bresche und benennt den einzigen Parameter kurzerhand `it`, damit wir darauf zugreifen können.

`it` ist also stets der Name des einzigen Parameters, lässt man dessen Deklaration weg.

Wir sind fast am Ziel! Nur die runden Klammern müssen wir noch loswerden.

Auch hier greift uns der Kotlin-Compiler unter die Arme: Bei jedem Funktionsaufruf ist es erlaubt, das letzte Argument - oder in unserem Fall das einzige - *außerhalb* der runden Klammern zu notieren:

```
val lengths = strings.map() { it.length }
```

Offen gestanden, ja, das sieht etwas komisch aus, wenn man einen (jahrelangen) Java-Hintergrund hat. Es mutet an wie ein Aufruf von `map` ohne Argumente, gefolgt von einem deplatzierten Code-Block.

Doch in Wirklichkeit ist es der Aufruf von `map` mit *genau einem* Argument, nämlich der *Lambda Expression* `{it.length}` - außerhalb der runden Klammern notiert, ganz wie es Kotlin erlaubt.

Besser lesbar wird es nun, wenn man weiß, dass es für den Fall nur *eines einzigen* Arguments einen Sonder-Regel gibt: In diesem Fall darf man die *runden* Klammern schlicht weglassen.

Damit verschwinden nicht nur die Klammern, sondern hoffentlich auch deine mögliche Verwirrung:

```kotlin
val lengths = strings.map { it.length }
```

Bingo!

Damit haben wir den Aufruf von `map` aus dem ursprünglichen Beispiel rekonstruiert. Dieser bekommt genau ein Argument übergeben, vom Typ "*eine Funktion, die einen `String` als Argument erwartet und einen `Int` zurückgibt*". `map` iteriert daraufhin die `strings`-Liste, ruft die übergebene Funktion auf jedem Element (`String`) auf, fügt den zurückgegebenen `Int` einer *neuen*, internen Liste hinzu, die letztlich dann `lengths` zugewiesen wird.

Puh!

Wie du siehst, auch wenn anfangs ungewohnt, ist Kotlin-Code sehr gut lesbar und kompakt, sobald man hinter die Geheimnisse der zahlreichen mächtigen und cleveren Features gekommen ist, die die Kotlin-SchöpferInnen in ihre Sprache eingebaut haben.

Somit ist der "Sprung ins kalte Wasser" geschafft, und ich hoffe, Kotlin ist für dich nun schon viel verständlicher geworden.

Im weiteren Verlauf des Buches erwarten dich nun noch weitere Highlights und Besonderheiten Kotlins.

Klassen und Objekte

Klassen in Kotlin bieten zahlreiche Verbesserungen gegenüber jenen in Java und sorgen so für kompakteren und besseren Code.

Kotlin ist, genau wie Java, eine objektorientierte Programmiersprache (und verfügt daneben über eine bemerkenswerte Vielzahl von Features aus der funktionalen Programmierung!).

Also solche bietet sie natürlich Klassen mit Kapselung, Vererbung, Polymorphie und allen anderen, auch aus Java bekannten, objektorientierten Paradigmen.

Die Syntax ist demgegenüber jedoch etwas anders, um kompakteren, leichter lesbaren und alles in allem einfach besseren Code schreiben zu können.

Eine einfache Beispiel-Klasse

```
class Person {
    val firstName="Alex"
    val lastName="Exempel"
}
```

Wie auch in Java wird die Deklaration einer Klasse mit dem Schlüsselwort `class` eingeleitet, gefolgt vom ihrem Namen (`Person`).

Unsere Beispiel-Klasse `Person` verfügt über zwei Felder - genauer: *Properties* (siehe später) - vom Typ `String` names `firstName` und `lastName`.

`public` ist Voreinstellung

Der erste Unterschied zu Java besteht in der Sichtbarkeit dieser: Während die Felder in Java `package-private` wären, da nichts anderes angegeben ist, ist der Default in Kotlin `public`, so dass nicht anders deklarierte Properties und Funktionen stets öffentlich sichtbar sind.

Doch ist diese Klasse äußerst unflexibel und damit reichlich sinnlos: Die beiden Properties haben fixe Werte, die ihnen bei der Erstellung einer Instanz zugewiesen werden und nicht nur unveränderlich sind, sondern so bei der Instanziierung überhaupt nicht mit eigenen Werten belegt werden können.

Die Klasse benötigt also einen Konstruktor:

Konstruktoren

Kotlin macht im Gegensatz zu Java einen Unterschied zwischen dem sogenannten *Primary Constructor* sowie etwaigen sekundären.

Der primäre Konstruktor einer Klasse kann sehr konzis notiert werden, einfach indem seine Argumente direkt an den Klassen-Namen gehängt werden:

```
class Person(fn:String, ln:String) { // primärer Konstruktor
    val firstName=fn
    val lastName=ln
}
```

Auf die dort notierten Parameter (fn und ln im Beispiel) kann im Klassenrumpf zugegriffen werden, so dass nun der Name einer Person individuell bei der Erzeugung einer Instanz angegeben werden kann.

Properties direkt im Konstruktor deklarieren

Für den häufigen Fall, dass Konstruktor-Argumente direkt an Properties zugewiesen werden sollen, bietet Kotlin eine sehr kompakte und nützliche Alternativ-Schreibweise an:

```
class Person(val firstName:String, val lastName:String)
```

Hiermit wird nicht zur ein Primär-Konstruktor mit zwei Parametern deklariert, diese beiden Parameter werden zudem direkt zu Properties der Klasse deklariert - einfach durch das vorangestellte val (oder auch var). Damit ist dieses Beispiel identisch mit dem zuvor.

Die Klasse ist damit so kurz und kompakt geworden, dass sogar der komplette Klassenrumpf inklusive der {} verschwinden kann - es bleibt eine korrekt deklarierte Kotlin-Klasse!

Etwas gewohnter wird das vielleicht mit ein paar Zeilenumbrüchen:

```
class Person(
    val firstName:String,
    val lastName:String
    )
```

Data Classes

Noch einen Schritt weiter können wir gehen, indem wir vor diese (ohnehin schon sehr kompakt notierte) Klasse das Schlüsselwort data schreiben:

```
data class Person(val firstName:String, val lastName:String)
```

Mit dieser minimalen Zugabe haben wir daraus eine sogenannte *Data Class* gemacht. Solche sind ungemein nützlich für Klassen, deren vorrangige Aufgabe es ist, Daten zu bündeln.

Data Classes haben dafür eine Menge nützlicher Eigenschaften. Eine jedoch ist gerade für Java-EntwicklerInnen eine echte Erleichterung:

Der Kotlin-Compiler erzeugt *automatisch* passende equals( ) und hashCode( ) Methoden!

Dazu verwendet er alle im Primär-Konstruktor deklarierten Properties, so dass zum Beispiel zwei Instanzen unserer `Person` Data Class immer dann strukturell gleich sind, wenn dies für deren `firstName` und `lastName` gilt.

Als weitere Zugabe wird daneben auch eine `toString()`-Methode erzeugt, in der Form `Person(firstName=Alex, lastName=Exempel)`.

Die außerdem erzeugte und clevere `copy`-Methode stelle ich dir im weiteren Verlauf des Buches noch vor.

`init`-Blöcke

Primär-Konstruktoren sind eine tolle Sache und sorgen für äußersten konzisen Code. Doch leider haben sie den Nachteil, dass sie außer den impliziten Zuweisungen der Argumente an Properties keine weiteren Anweisungen beinhalten können.

Um komplexeren Code während der Initialisierung auszuführen, bedient man sich sekundärer Konstruktoren (siehe weiter unten) oder nutzt sogenannte `init`-Blöcke:

```
class Person(val firstName:String, val lastName:String) {
    init {
        log.info("Created new person!")
    }
}
```

Diese werden während der Instanziierung in der Reihenfolge ausgeführt, in der sie im Klassenrumpf notiert sind - es kann also mehr als einen `init`-Block geben.

Sekundäre Konstruktoren

Wie auch Java erlaubt Kotlin mehr als einen Konstruktor für eine Klasse. Dazu verwendet man sogenannte sekundäre Konstruktoren:

```
class Person(val firstName:String, val lastName:String) {
    constructor(firstName:String, lastName:String, parent:Person) :
    this(firstName, lastName) {
        parent.children += this
    }
}
```

Diese werden mit dem `constructor`-Schlüsselwort deklariert. Gibt es einen primären Konstruktor, *muss* dieser stets aufgerufen werden. Dazu referenziert diesen mit `this` und ruft ihn mit einem `:` getrennt auf.

Neben den beschriebenen Eigenschaften haben Kotlin-Klassen noch einiges mehr zu bieten, und auch die bereits vorgestellte Syntax hat noch mehr in petto. Für das weitere Verständnis soll jedoch diese kurze Einführung genügen, bei der ich es belassen möchte, um dem Titel dieses Buches gerecht zu werden.

Properties in Klassen

Klassen in Kotlin verfügen über *Properties* mit impliziten und bei Bedarf automatisch generierten Gettern und Settern. Der Aufruf dieser Getter und Setter unterscheidet sich nicht von einem direkten Feld-Zugriff in Java.

Eine häufige Quelle für überflüssigen Boilerplate Code (» 2) in Java sind Getter und Setter für die Felder einer Klasse:

```java
public class Pet {
    private String name;
    private Person owner;

    public Pet(String name, Person owner) {
        this.name = name;
        this.owner = owner;
    }

    // ab hier nur noch Boilerplate
    public String getName() {
        return name;
    }

    public void setName(String name) {
        this.name = name;
    }

    public Person getOwner() {
        return owner;
    }

    public void setOwner(Person owner) {
        this.owner = owner;
    }
}
```

Natürlich könnte man auch einfach die Felder `name` und `owner` auf `public` setzen und auf die Getter und Setter verzichten. Damit würde man den Boilerplate Code los, und auch der Zugriff auf die Felder wäre eleganter:

```
pet.name = "Tomcat";
// statt
pet.setName("Tomcat");
```

Während das in diesem Beispiel kein Problem wäre, insbesondere für `name`, könnte das für `owner` im Laufe des Projektes schnell zu einem solchen werden: Stell dir vor, nicht nur das `Pet` soll seinen `owner` kennen, sondern eine `Person` soll zukünftig auch eine Liste all ihrer `Pets` verwalten.

Dazu müsste man dann doch einen entsprechenden Setter schreiben:

```
public void setOwner(Person owner) {
    this.owner = owner;
    owner.pets.add(this);
}
```

Das ist noch schnell erledigt. Aufwändiger und lästiger ist es nun jedoch, alle direkten Zugriffe auf `owner` durch einen Aufruf des neuen Setters zu ersetzen. Zwar bieten alle modernen IDEs entsprechende Refactorings an, die das vollautomatisch erledigen, trotzdem bleibt der fade Beigeschmack, unter Umständen viele Quelldateien wegen solch einer kleinen Änderung anfassen zu müssen.

Um diese Situationen schon von vorneherein zu vermeiden und der obligatorischen Kapselung in der objektorientierten Programmierung Rechnung zu tragen, ist es in Java die Regel immer mit Gettern und Settern zu arbeiten und mit dem Boilerplate Code zu leben (oder ihn mit Tools wie Lombok zu kaschieren). Verbunden mit dem Verzicht auf die eigentlich elegantere Syntax des direkten Feldzugriffs.

Kotlin kann's besser

Doch mit Kotlin verbessert sich dieser Missstand ganz entscheidend!

Die obige `Pet` -Klasse könnte in Kotlin so aussehen:

```
class Pet(name: String, owner: Person) {
    var name: String = name
    var owner: Person = owner
}
```

oder, mit *Constructor Properties*, noch kürzer (jedoch für unser Beispiel weniger geeignet):

```
class Pet(var name: String, var owner: Person)
```

Das sieht jener Fassung aus dem Java-Beispiel bereits sehr ähnlich, die auf die Getter und Setter verzichtet.

Um den Namen eines Haustieres zu ändern oder abzufragen, reicht einfach

```
val name = pet.name
// beziehungsweise
pet.name = "Tomcat"
```

Auch das gleicht dem entsprechenden Java-Code.

Nehmen wir nun wieder an, dass eine bidirektionale Assoziation zwischen `Pet` und `owner` erzeugt werden soll, so dass abermals unser obiger Setter notwendig wird. Dieser könnte in Kotlin so aussehen:

```kotlin
fun setOwner(owner: Person) {
    this.owner = owner
    owner.pets += this
}
```

Doch fügen wir diesen nicht, wie in Java, als eigenständige Methode ein, sondern assoziieren ihn direkt mit dem entsprechenden `owner` -Feld, oder genauer, der `owner` *Property*:

```kotlin
class Pet(name: String, owner: Person) {
    var name: String = name
    var owner: Person = owner
        set(value) {
            field = value
            owner.pets += this
        }
}
```

Die entsprechende Syntax sieht so aus, dass man direkt unterhalb der entsprechenden Property `set(value)` notiert, gefolgt vom Rumpf des Setters.

Innerhalb dessen kann man mit `field` auf das zugrunde liegende Feld zugreifen, um es, wie im Beispiel, mit einem neuen Wert zu belegen.

Doch wirklich viel hat man mit dieser Syntax nicht gewonnen, oder?

Das stimmt, denn der eigentliche Vorteil liegt hierbei nicht in der *Deklaration* des Setters, sondern in dessen *Aufruf*: denn dieser *ändert sich nicht*!

Nach wie vor lässt sich der Besitzer eines Haustieres mittels

```kotlin
pet.owner = Person("Alex Exempel")
```

setzen - und natürlich wird trotzdem der Setter aufgerufen!

Zugriffe auf Properties in Kotlin sehen also stets exakt identisch aus, egal ob dahinter ein direkter und einfacher Feldzugriff steckt oder aber ein noch so komplexer Getter/Setter.

Damit entfällt eventuelles späteres Refactoring, und man kann sich der schöneren Syntax direkter Feldzugriffe gegenüber jener der Aufrufe von Gettern und Settern bedienen.

Auch das notieren trivialer Getter und Setter entfällt komplett, da dies der Kotlin-Compiler übernimmt: Deklariert man keine eigenen Getter/Setter für eine Property, erzeugt der Kotlin-Compiler diese selbständig.

Java-Interoperabilität

Man kann von Kotlin aus bestehenden Java-Code verwenden und umgekehrt. Eine Mischung von Kotlin-Code, Java-Code und Java-Bibliotheken im selben Projekt ist problemlos möglich.

Eine sehr wichtige Eigenschaft von Kotlin ist eine äußerst weitgehende Interoperabilität mit Java. Besonders wertvoll ist dabei, dass man in Kotlin so gut wie jedes existierende Java-Framework und Java-Bibliotheken wie gewohnt weiter verwenden kann.

So muss man auch mit Kotlin nicht auf slf4j, Guava, Apache Commons, Tomcat, Jetty und die unzähligen weiteren Perlen des Java-Ökosystems verzichten!

Mischen possible

Der Kotlin-Compiler kann sowohl Kotlin-Code als auch Java-(Byte-)Code verarbeiten (obwohl für das eigentliche Kompilieren von Java-Code noch dessen Compiler notwendig ist). Somit ist es problemlos möglich, beide Sprachen in ein- und demselben Projekt zu verwenden.

Insbesondere während des Einstiegs in Kotlin, und bei einer (großen) bestehenden Java-Codebasis, ist es ein echter Pluspunkt, dass man nicht gezwungen ist, bewährten Code zu konvertieren. Vielmehr bietet es sich an, neue Komponenten in Kotlin zu entwickeln und dabei auf Bestandscode einfach zuzugreifen.

Natürlich kann man später auch bestehenden Java-Code in Kotlin überführen, um von dessen zahlreichen Vorteilen zu profitieren.

Für diesen Zweck existieren Tools/Plugins, die Java-Code vollautomatisch in Kotlin-Code umwandeln. Das funktioniert in den meisten Fällen sehr gut, auch wenn häufig kein idealer Kotlin-Code dabei herauskommt und ein wenig Feintuning notwendig ist.

Kotlin zur Laufzeit

Der einzige Unterschied zur Laufzeit auf der JVM ist, dass man eine zusätzliche .jar-Bibliothek (kotlin-stdlib.jar) einbinden muss - nichts weiter.

Kein Semikolon notwendig

In Kotlin ist ein `;` am Ende eines Statements (so gut wie) nie notwendig.

Im Gegensatz zu Java und anderen Sprachen erkennt der Kotlin-Compiler das Ende eines Statements meist auch ohne explizites `;` - zum Beispiel durch einen Zeilenumbruch.

Die generelle Regel in Kotlin lautet somit, auf Semikolons zu verzichten.

Zwei (marginale) Ausnahmen sind dabei zu beachten:

Mehrere Ausdrücke in derselben Zeile

Möchte man mehrere Ausdrücke innerhalb einer Zeile notieren, werden diese mit `;` getrennt.

```kotlin
val a = 42;println(a)
```

Semikolon nach `Enum`-Konstanten

Möchte man einer Enum-Klasse Properties oder Funktionen hinzufügen, muss man ihre Konstanten mit einem `;` vom restlichen Rumpf abtrennen:

```kotlin
enum class Weekdays {
    MONDAY, TUESDAY, WEDNESDAY, THURSDAY, FRIDAY, SATURDAY, SUNDAY;

    fun isWeekend() = this==SATURDAY || this==SUNDAY
}
```

Kein `new` notwendig

In Kotlin fehlt das Schlüsselwort `new`. Neue Instanzen werden einfach durch den Aufruf eines Klassen-Konstruktors erzeugt, dessen Aufruf-Syntax sich nicht von der anderer Funktionen unterscheidet.

So wird aus diesem Java-Beispiel

```java
Person person = new Person("Alex", "Exempel");
```

in Kotlin:

```kotlin
val person = Person("Alex", "Exempel")
```

Dies ist eine der vielen Kleinigkeiten, die Kotlin mitbringt, um gegenüber Java Code einzusparen und auf Unnötiges zu verzichten.

Keine Checked Exceptions, nur Runtime Exceptions

Kotlin kennt nur *Runtime Exceptions*, eine `throws` -Deklaration ist weder nötig noch möglich. Selbstverständlich sind `try` / `catch` / `finally` -Blöcke möglich - nur eben niemals notwendig.

Während Java zwischen *Runtime Exceptions* und *Checked Exceptions* unterscheidet, gibt es in Kotlin nur erstere.

Checked Exceptions

Der Unterschied zu Runtime Exceptions liegt darin, dass jede Funktion, die potentiell eine Checked-Exception auslösen kann, dies mit `throws` deklarieren muss.

Außerdem ist man beim Aufruf gezwungen, diesen in einem `try/catch` -Block zu kapseln oder selbst mit `throws` das mögliche "Weiterreichen" der Exception zu deklarieren.

Für Runtime Exceptions ist dies nicht notwendig.

Darum ist in Kotlin die Deklaration möglicher Exceptions mit `throws` nicht notwendig (und auch gar nicht möglich - sogar das entsprechende Keyword fehlt).

Trotzdem kann man - ganz wie es auch für Runtime Exceptions in Java der Fall ist - `try/catch` einsetzen, um mögliche Exceptions zu behandeln.

Keine Primitives (int, float,...)

Kotlin macht keinen Unterschied zwischen `int` / `Integer` , `float` / `Float` und so weiter - all diese Typen existieren nur in ihrer "Objekt-Variante".

Während man in Java besonders im Zusammenhang mit Collections immer wieder zwischen den Primitiven wie `int` und dem zugehörigen Objekt-Pendant wie `Integer` unterscheiden muss, entfällt dies mit Kotlin. Hier gibt es (auf Sprachebene) nur die Objekt-Varianten, keine Primitive.

Keine Performance-Einbußen

Dabei muss man sich jedoch um damit vermeintlich einhergehende Performance-Einbußen keine großen Sorgen machen: Wann immer möglich verwendet der Compiler intern bei der Erzeugung von Bytecode die Primitive der JVM. Zudem existieren mit Klassen wie `IntArray` spezielle Collections, die direkt auf die JVM-Primitive abgebildet werden.

Null Safety

In Kotlin ist die Nullbarkeit einer Variablen integraler Bestandteil ihres Typs. Zudem ist sie mit einem einfachen ? schnell festgelegt.

Die berühmt-berüchtigte `NullPointerException` ist die wohl mit Abstand häufigste Fehlermeldung, die Java-Programme zur Laufzeit produzieren. Nicht umsonst beschreibt auch ihr "indirekter Erfinder" Tony Hoare die "Null-Referenz" als seinen <u>"Billion-dollar mistake" (» 3)</u>.

Während Java mit entsprechenden Annotations wie `@NotNull` begonnen hat, die Nullbarkeit von Elementen (besser) kontrollierbar zu machen, ist sie in Kotlin integraler Sprachbestandteil. Es existieren dafür entsprechend echte Schlüsselwörter und Operatoren, und auch der Compiler hat die entsprechenden Checks fest eingebaut.

Nullbarkeit deklarieren

Tatsächlich *muss* man in Kotlin bei jeder Variablen-Deklaration angeben, ob diese jemals `null` werden kann, oder nicht. Was zunächst wie unbequemer Mehraufwand klingt, ist es in Wahrheit gar nicht. Denn Kotlin erlaubt es, die Nullbarkeit einer Variablen sehr einfach und kurz anzugeben:

Hängt man an den Typ einer Variablen ein ? an, so deklariert man diese als potentiell `null` , lässt man das ? weg, deklariert man eine Variable als nicht-null (@NotNull).

```kotlin
var nullable : String? = "Foo"
var notNullable : String = "Bar"

nullable = null // OK
notNullable = null // Compile-Fehler (statt einer NullPointerException zur
Laufzeit)

val i = notNullable.length // OK
val j = nullable.length // Compile-Fehler: nullable ist/könnte hier null sein

if (nullable != null) // prüfen auf null
{
    val k=nullable.length // OK! Der Compiler erkennt, dass nullable an dieser
Stelle nicht null sein kann, aufgrund des äußeren ifs
}
```

Safe Calls

Mit den sogenannten Safe Calls bietet Kotlin eine, wie ich finde, sehr praktische Syntax im Zusammenhang mit möglichen `null` -Referenzen an:

```kotlin
val fn = person?.firstName
```

Was wie ein gewöhnlicher Zugriff auf die Property `firstName` von `person` aussieht, unterscheidet sich nur durch das eingeschobene `?`.

Dieses bedeutet, dass `person` auch `null` sein darf. Ist das tatsächlich der Fall, wird der Zugriff auf `firstName` unterdrückt (er würde ja ohnehin zu einer `NullPointerException` führen). Vielmehr ergibt der gesamte Ausdruck `null`, was dann an `fn` zugewiesen wird (welches übrigens folgerichtig vom Typ `String?` ist).

Ist `person` hingegen nicht `null`, wird auf dessen Property `firstName` zugegriffen und ihr Wert an `fn` zugewiesen.

Möchte man für den Fall, dass `person` `null` ist, nicht auch `null` an `fn` zuweisen, sondern einen besonderen, anderen Wert, gibt es auch dafür eine Syntax:

```
val fn = person?.firstName ?: "Unbekannter Vorname"
```

Man hängt also den `?:` -Operator an den Safe Call an und notiert dahinter den Wert, den dieser zurückgeben soll, falls die betreffende Referenz `null` ist.

Natürlich funktioniert dies nicht nur für Zugriffe auf Properties, sondern auch für Funktions-Aufrufe:

```
person?.saveToDatabase()
```

Hiermit wird die `person` nur dann in die Datenbank gespeichert, wenn die Referenz nicht `null` ist, ansonsten geschieht einfach nichts - insbesondere wird keine `NullPointerException` ausgelöst.

Gleichheit und Identität

Während der `==` -Operator in Java Referenzen auf *Identität* vergleicht, wird er in Kotlin intern in den Aufruf der `equals` -Methode umgewandelt. Der Vergleich auf Identität hingegen ist mit dem neuen `===` -Operator (3x `=`) möglich.

Eine Sache, die die meisten von uns anfangs sicherlich immer wieder falsch gemacht haben ist der Umgang mit dem `==` -Operator in Java.

Denn entgegen der Intuition vieler, vergleicht dieser nicht den *Inhalt* auf den die verglichenen Referenzen verweisen sondern ihre eigentlichen Werte (sprich: Speicheradressen).

Statt dessen gibt es in Java die `equals` -Methode, um die referenzierten Inhalte auf Gleichheit zu prüfen.

Auch wenn man sich irgendwann daran gewöhnt hat, erinnert einen Kotlin daran, dass es eigentlich sauberer und sinnvoller wäre, `==` für den strukturellen Vergleich (`equals`) zu verwenden, statt damit nur die Referenzen zu vergleichen.

Kotlin verwandelt `==` in `equals`

Darum wandelt Kotlin `==` intern tatsächlich in den Aufruf von `equals` um.

Das bedeutet, in Kotlin überprüft man Instanzen mit `==` auf *strukturelle Gleichheit* statt, wie in Java, auf Identität.

Darum wird dir in Kotlin-Code der Aufruf von `equals` nur sehr selten begegnen und statt dessen stets der intuitivere und besser lesbare `==` -Operator.

Möchte man zwei Referenzen auf Identität prüfen, bietet Kotlin dafür den Operator `===` (3x `=`) an, der genau dies tut.

Default-Argumente

Kotlin erlaubt es, Funktions-Parameter mit einem Default-Wert zu versehen, der verwendet wird, wenn das entsprechende Argument beim Aufruf weggelassen wird.

```kotlin
fun String.split(separator : Char = ',')
```

Möchte man mit obiger (Extension-)Funktion nun einen String auftrennen, kann man den Trenner selbst bestimmen, doch Dank des Default-Wertes ',' auch weglassen, wenn man an eben diesem , trennen möchte:

```kotlin
str.split('|') // trennt str an | auf
str.split() // trennt str an , auf
```

Default-Parameter sind besonders interessant in Bezug auf Klassen-Funktionen, da man mit ihrer Hilfe (oft) auf das sonst in Java nötige Überladen von Methoden verzichten kann. Dies führt zu kompakterem, besser lesbarem Code.

Auch in Kombination mit benannten Argumenten führen Default-Argumente zu kompakterem und besser lesbarem Code im Vergleich zu Java.

Benannte Argumente

In Kotlin können Funktions-Argumente nicht nur anhand ihrer Reihenfolge den entsprechenden Parametern zugeordnet werden, sondern auch über deren Namen.

Während man in Java Funktions-Argumente stets in der festgelegten, korrekten Reihenfolge angeben muss, erlaubt es Kotlin, diese in beliebiger Reihenfolge anzugeben, indem man sie mit ihrem Namen referenziert.

```kotlin
fun createCustomer(firstName:String, lastName:String, receiveNewsletter:Boolean)
: Customer {
    //...
}

createCustomer(lastName = "Exempel", firstName = "Alex", receiveNewsletter =
true)
```

Der Vorteil liegt vor allem in der besseren Lesbarkeit. Ganz ohne die Signatur von `createCustomer` zu kennen, erschließt sich diese beim Aufruf intuitiv. Insbesondere bei booleschen Variablen oder "magic numbers" ist sofort klar, was sie bewirken. So ist offensichtlich, dass der erzeugte Kunde den Newsletter bekommen soll, statt, wie es in Java der Fall wäre, ein einfaches `true` stehen würde, dessen Bedeutung sich nur mit einem Blick auf die Signatur (oder mithilfe einer modernen IDE) erschließt.

Besonders nützlich werden benannte Argumente im Zusammenspiel mit Default-Argumenten.

Ein prominentes Beispiel hierfür ist Kotlins `joinToString` -Funktion:

```kotlin
fun <T> Iterable<T>.joinToString( separator: CharSequence = ", ", prefix:
CharSequence = "", postfix: CharSequence = "", limit: Int = -1, truncated:
CharSequence = "...", transform: (T) -> CharSequence = null): String
```

Da hier jeder Parameter einen sinnvollen Default-Wert hat, kann man beim Aufruf ganz gezielt nur genau jene Parameter setzen, die von diesem Default abweichen:

```kotlin
strings.joinToString(prefix="#", separator=";")

// oder, da die Reihenfolge der benannten Parameter egal ist, äquivalent:

strings.joinToString(separator=";", prefix="#")
```

Dieser Aufruf verbindet die Elemente von `strings` getrennt durch ; (statt ,) sowie einem Präfix # (statt gar keinem). Alle anderen Parameter erhalten ihre Default-Werte.

Kotlin bietet viele weitere clevere Anwendungen der Kombination aus benannten und Default-Parametern. So ist auch die automatisch generierte `copy`-Funktion von Data Classes so aufgebaut, dass man einfach Kopien einer Instanz erstellen und dabei selektiv einzelne Properties mit neuen Werten belegen kann, wenn man möchte. Nicht explizit angegebene Argumente werden einfach vom Ursprungsobjekt kopiert:

```kotlin
data class Customer(val firstName:String, val lastName:String, val
receiveNewsletter:Boolean)

val max = Customer("Max", "Mustermann", true)

// und seine Schwester

val martina = max.copy(firstName="Martina")
```

String-Interpolation

Kotlin erlaubt den Zugriff auf Variablen (und andere Ausdrücke) direkt innerhalb von String-Literalen und macht so String-Konkatenation meist überflüssig.

So lässt sich folgender Java-Code

```java
String name = "Alex";
String greeting = "Hello " + name + "!";
```

in Kotlin kompakter schreiben:

```kotlin
val name = "Alex"
val greeting = "Hello $name!"
```

Dabei wird $name durch den Inhalt der Variablen name - genauer dessen toString() - ersetzt.

Die generelle Syntax ist also $variable.

Es fällt im Beispiel auf, dass das abschließende ! automatisch als *nicht* zum Variablen-Namen zugehörig interpretiert wird. Das liegt daran, dass der Kotlin-Compiler alles nach dem einleitenden $ als Referenz interpretiert, bis er auf ein Zeichen trifft, das nicht Teil eines gewöhnlichen Identifiers ist.

Um alle Uneindeutigkeiten aufzulösen, oder komplexere Ausdrücke zu verwenden, gibt es die alternative Syntax ${ausdruck}, also das Einschließen des Ausdrucks in geschweifte Klammern.

Somit wird auch folgendes möglich:

```kotlin
val person = Person(firstName = "Alex", lastName = "Exempel")
val greeting = "Hello ${person.firstName}!"
```

Extension Functions

Mithilfe von Extension Functions können Klassen "erweitert" werden, sogar wenn sie eigentlich `final` sind - wie zum Beispiel auch `String`.

Extension Functions erlauben es, Funktionen außerhalb einer Klasse zu deklarieren, und trotzdem mutet ihr Aufruf an, wie jener einer *Methode* der betreffenden Klasse.

Beispiel

Angenommen, in einem Projekt sei es häufig notwendig, das *Quadrat eines Integers* zu berechnen.

Eine Funktion dafür ist schnell geschrieben:

```
fun squared(i: Int) : Int {
    return i * i
}
```

oder, dank Kotlins *Expression Bodies*, sogar noch kürzer:

```
fun squared(i: Int) = i * i
```

Da Kotlin ja Funktionen auf Package-Ebene erlaubt, könnte man diese Funktion nun ganz einfach verwenden - ganz ohne Utility-Klasse oder statischen Import.

Aber Kotlin kann das sogar noch besser!

Mithilfe einer entsprechenden *Extension Function* können wir es *der `Int`-Klasse selbst* "beibringen", das Quadrat eines Integers zu berechnen und zurückzugeben.

Das bedeutet, der Aufruf der `squared`-Methode sieht viel "objektorientierer" aus, und die Funktion "rückt noch näher an das Subjekt heran":

```
val i = 42.squared()
```

Mit Java wäre das so nicht möglich - und sieht entsprechend ungewohnt aus.

Lass uns einen Blick auf die `squared` Extension Function werfen, die das möglich macht:

```
fun Int.squared() = this * this // Extension Function

val i = 42.squared() // Aufruf der Extension Function

check(i == 42*42) // Beweis, dass alles korrekt funktioniert
```

Die Deklaration der `squared` Funktion sieht eigentlich ganz normal aus - wenn da nicht das `Int.` im Namen wäre. Auch nimmt sie plötzlich gar keinen Integer mehr als Argument entgegen...?

Fangen wir mit dem ungewohnten Präfix an. Dieses wird *Receiver Type* genannt und gibt den *Typ* an, den wir erweitern wollen. In unserem Falle also `Int` - gefolgt von einem `.`.

In der Funktion selbst fehlt uns nun das Argument `i`, und wir können somit nicht mehr länger `i * i` berechnen. Stattdessen verwenden wir `this`. Aber wie ist das möglich, wo die Funktion doch gar nicht innerhalb einer Klasse steht?

Nun, genau dafür haben wir zuvor den *Receiver Type* (`Int`) angegeben; er steht quasi stellvertretend für eine Klasse/Instanz, die sonst die Funktion umschließen würde.

Wenn wir die Funktion also aufrufen - `val i = 42.squared()` - wird die Instanz, auf die wir sie aufrufen (`42`) zu `this`, auf das in der Funktion referenziert wird.

Damit verhält sich eine Extension Function in der Tat sehr ähnlich zu einer solchen, die direkt in einer Klasse selbst notiert ist - und sieht auch fast genauso aus. Es gibt jedoch einen sehr wichtigen Unterschied:

Innerhalb einer Extension Function kann man nicht auf `private` oder `protected` Eigenschaften einer Klasse zugreifen!

Damit bleibt nach wie vor der wichtige Unterschied zwischen Vererbung und Erweiterung bestehen: Während bei Vererbung diese vom Entwickler der abzuleitenden Klasse (hoffentlich) beabsichtigt, zumindest aber berücksichtigt wurde, kann man mit Extension Functions jedwede Klassen erweitern - wird aber sinnvoll eingeschränkt, um kein Chaos anzurichten.

Extension Properties

Neben Extension *Functions* gibt es auch Extension *Properties*.

So können wir unser Beispiel noch ein klein wenig verbessern, indem wir statt der *Extension Function* folgende *Extension Property* deklarieren:

```
val Int.squared get() = this * this
```

Auch hier gilt wieder, dass sich die Deklaration der Property von ihrem "normalen" Pendant nur durch das Präfix des Receiver Types unterscheidet.

Somit wird der Aufruf noch ein kleines bisschen schöner, da die leeren runden Klammern entfallen:

```
val s = 42.squared
```

Wie auch bei gewöhnlichen Properties und Funktionen ist es weitgehend Geschmacks(=Styleguide)-Sache, ob man eine Funktion oder Property verwendet.

In diesem Falle würde ich persönlich jedoch die Property bevorzugen - einfach weil ich das Quadrat einer Zahl durchaus als eine ihrer Eigenschaften betrachten würde, seine Berechnung nicht wirklich teuer ist und - last but not least - der Aufruf ohne runde Klammern eleganter anmutet.

Zusammenfassung

- Extension Functions erlauben es, Funktionen zu deklarieren und aufzurufen, als seien sie integraler Bestandteil des betreffenden Typs
- Um eine Extension Function zu deklarieren, stellt man ihrem Namen den Namen des Typs voran, den man erweitern möchte ("Receiver Type"), getrennt mit einem .
- Um die tatsächliche Instanz des Receiver Types zu referenzieren wird `this` verwendet.
- Extension Functions sind ansonsten gewöhnliche Funktionen - insbesondere haben sie keinen Zugriff auf `protected` und `private` Eigenschaften des *Receiver Types*.

Scoping Functions

Scoping Functions bieten zum einen die Möglichkeit, den Geltungsbereich von Variablen sinnvoll und ausdrucksstark einzuschränken und zum anderen zusammengehörigen Code gut lesbar zu bündeln und kompakt zu notieren.

Oft schreibt man Code, der zunächst ein neues Objekt erzeugt und kurz darauf Methoden dessen aufruft oder Properties setzt.

So könnte das, in Java, beispielsweise aussehen:

```java
Person person = new Person();
person.setFirstName("Alex");
person.setLastName("Exempel");
person.setDateOfBirth(1984,3,5);
person.calculateAge();
```

Dank Kotlins Properties kann man das schon eleganter schreiben:

```kotlin
val person = Person()
person.firstName = "Alex"
person.lastName = "Exempel"
person.setDateOfBirth(1984,3,5)
person.calculateAge()
```

Noch schöner wird es dann mit der ersten möglichen Scoping Function namens `apply` (>> 4):

```kotlin
val person = Person().apply {
    firstName = "Alex"
    lastName = "Exempel"
    setDateOfBirth(1984,3,5)
    calculateAge()
}
```

Und so sieht die Signatur von `apply` aus:

```kotlin
inline fun <T> T.apply(block: T.() -> Unit): T
```

Die Funktion ruft also den übergebenen `block` mit `this` als dessen Receiver auf und gibt `this` zurück.

Das bedeutet, innerhalb des `blocks` kann man auf das aufrufende Objekt (den Receiver) mit `this` zugreifen. Und wie gewohnt kann man `this` auch weglassen, was den Code so lesbar macht.

Noch vielseitiger wird die `apply`-Funktion durch die Tatsache, dass sie `this` implizit zurück gibt.

Das erlaubt es, wie oben gesehen, ein Objekt zu erzeugen und direkt sinnvoll aufzubereiten.

Mit `apply` lässt sich also die Erzeugung, Initialisierung und Zuweisung eines Objekts elegant und kompakt in nur einem einzigen Statement kapseln - das führt zu sehr kompaktem, strukturiertem und gut lesbarem Code.

`let`, `run` und `also`

Neben `apply`, gibt es noch einige weitere ähnliche Funktionen, die sich darin unterscheiden, wie man innerhalb des Blocks auf das aufrufende Objekt zugreift, und ob sie `this` (wie bei `apply`) oder das Ergebnis des Blocks zurückgeben.

`it` oder `this`?

Wie oben beschrieben, greift man bei `apply` per `this` auf das ursprüngliche Objekt zu (und kann `this`, wie gewohnt, für bessere Lesbarkeit einfach weglassen).

Neben `apply` gibt es eine fast identische Funktion namens `also`, die sich nur darin unterscheidet, dass man nicht per `this` sondern `it` auf das ursprüngliche Objekt zugreift:

```
val person = Person().also {
    it.firstName = "Alex"
    it.lastName = "Exempel"
    it.setDateOfBirth(1984,3,5)
    it.calculateAge()
}
```

Im Gegensatz zu `this` kann man `it` übrigens nicht weglassen, was die Lesbarkeit etwas senkt. Darum ist `apply` meist die bessere Wahl, es sei denn, es gilt, bei Verschachtelungen "Shadowing" (» 5) zu vermeiden.

Der Rückgabewert

Damit haben wir `apply` und `also` kennengelernt, die sich nur darin unterscheiden, ob man auf das aufrufende Objekt per `this` oder `it` zugreift. Beide geben diesen Receiver (`this` bei `apply`, `it` bei `also`) zurück.

Doch manchmal möchte man eben nicht den Receiver zurückgeben (lassen), sondern etwas anderes. Dafür gibt es die Pendants `run` und `let`. Sie geben nicht das aufrufende Objekt zurück, sondern das, was der aufgerufene Block zurück gibt. Ganz genau wie bei `apply` und `also`, ist der einzige Unterschied zwischen `run` und `let`, ob man den Receiver per `this` oder `it` referenziert.

Die folgende Tabelle fasst das alles nochmal zusammen:

Funktion	Referenz auf Aufrufer	Rückgabe
apply	this	Aufrufer(`this`)
also	it	Aufrufer(`it`)
run	this	Block-Rückgabewert
let	it	Block-Rückgabewert

Ähnliche Funktionen

Neben den oben genannten, generischen Scoping Functions, gibt es in Kotlin etliche ähnliche Funktionen, die jedoch weniger generisch sind, sondern einen konkreten Zweck haben. Eine davon möchte ich dir nicht vorenthalten:

Die Funktion `use`

`use` ist das Pendant zu `try-with-resources` (» 6) in Java, das es erlaubt, das Schließen von `AutoClosables` so zu kapseln, dass dies besser lesbar (und vor allem weniger oft vergessen) wird.

Im folgenden Beispiel

- Verweisen wir auf eine Datei
- Öffnen einen `Writer` darauf
- Verwenden diesen mit `use`
- Schreiben mithilfe des `Writers` (`it`) einen Text in die Datei
- Schließen den `Writer` sauber

```
File("test_file").writer().use {
    it.write("Hello World!")
}
```

Was dabei auffällt ist, dass der letzte Punkt - das Schließen des `Writers` - gar nicht explizit im Code auftaucht. Denn genau das übernimmt `use` für uns "hinter den Kulissen".

if -Expression

In Kotlin ist `if` im Gegensatz zu Java nicht nur ein Statement sondern eine Expression, gibt also einen Wert zurück.

```
val oddOrEven = if (i % 2 == 0) "even" else "odd"
```

`if` gibt also jeweils den Wert des Zweiges zurück, der für die Bedingung zutrifft.

Damit wird auch der aus Java bekannte `? :` -Operator überflüssig, da man dessen Funktionalität mit `if … else` abbilden kann.

Im Übrigen gilt dieser angenehme Umstand auch für viele andere Expressions, wie zum Beispiel auch `try / catch` -Blöcke:

```
val contents = try {
        file.readText()
    } catch (ex : Exception) {
        "Datei konnte nicht geladen werden: $ex"
    }
```

Operator Overloading

Kotlin unterstützt das Überladen vorhandener Operatoren (wie `+` , `-` , `+=` , …).

Dazu führt es das `operator` -Schlüsselwort ein, mit dem dies möglich wird:

```kotlin
class Vector {
    //...
    operator fun plus(vector: Vector): Vector = Vector(this.x + vector.x,
this.y + vector.y, this.z + vector.z)
}
```

Mit `operator` geben wir an, dass wir einen solchen überladen möchten. Darauf folgt syntaktisch eine gewöhnliche Funktionsdeklaration. Dabei gibt der Name der Funktion an, welchen der Operatoren man überladen möchte (`plus` , `minus` , `div` ,…), nach dem sich dann auch die restliche Signatur richtet.

Handelt es sich zum Beispiel um einen unären Operator wie `unaryMinus` , darf die Funktion keine weiteren Parameter annehmen. Ist er hingegen binär, genau einen.

Im obigen Beispiel handelt es sich um den binären Plus-Operator `+` der es ermöglicht, zwei Instanzen der Vector-Klasse folgendermaßen zu addieren:

```kotlin
val a=Vec(1,2,3)
val b=Vec(4,5,6)
val c=a + b // Aufruf des überladenen plus-Operators
```

Er nimmt genau ein Argument an, nämlich "die rechte Seite", im Beispiel `b` , während `a` `this` entspricht. Als Ergebnis gibt die Funktion einen neuen Vektor zurück, welcher der Addition von `this` und dem übergebenen Vektor entspricht.

Verfügbare Operatoren

Die Liste aller überladbaren Operatoren und weitere Informationen bietet die offizielle Dokumentation zum Operator Overloading (» 7).

Nützliche Überladungen

Auch die Kotlin-Standard-Bibliothek macht regen Gebrauch vom Operator Overloading und stellt (in Verknüpfung mit entsprechenden Extension Functions) viel "Syntactic Sugar" bereit.

So kann man beispielsweise, dank des überladenen `+=` -Operators, folgendermaßen neue Elemente zu einer Liste hinzufügen:

```kotlin
stringList += "Hello World!"
// statt
stringList.add("Hello World!")
```

Ebenfalls als sehr angenehm empfinde ich folgende Art, auf die Elemente einer `map` zuzugreifen:

```
map["Hello"] = "World!"
// oder
val person = personsDatabase[42]
```

Kotlin bietet noch viel mehr

Mein Ziel mit **Kotlin***kompakt* ist es, dir einen *kompakten* und möglichst leichten *Einstieg* in die Entwicklung mit Kotlin zu ermöglichen, der sich auf das Wesentliche beschränkt.

Dabei bleibt es aufgrund der Fülle an tollen Features und der aktiven Weiterentwicklung von Kotlin nicht aus, vieles nur andeuten zu können, oder manches sogar komplett außen vor lassen zu müssen.

So war es mir leider nicht möglich, auf Dinge wie *Coroutinen*, *Android-Entwicklung*, *funktionale Programmierung*, *DSLs*, *Java-Script-Übersetzung* und viele weitere spannende Themen (näher) einzugehen.

Möchtest du darüber mehr erfahren, lege ich dir die folgenden Internet-Adressen ans Herz:

https://kotlin-kompakt.de

> Auf der Homepage dieses Buches findest du weiterführende, aktuelle Informationen zu Kotlin. Und natürlich kannst du diese sehr gerne deinen Kolleginnen und Kollegen und im Freundeskreis weiterempfehlen, falls dir das Gelesene gefallen hat.

https://kotlinlang.org

> Die offizielle Homepage Kotlins ist *die* Quelle von Informationen aller Art über Kotlin, sowie Ausgangspunkt zu vielen weiteren Ressourcen zum Thema.

https://kotlin-buecher.de

> Eine Liste empfehlenswerter Bücher über Kotlin.

https://kotlin.coach

> Als KotlinCoach biete ich Schulungen, Consulting und Support zu Kotlin an.

Damit wünsche ich dir nun bei der weiteren Erkundung Kotlins mit all seinen Finessen viel Freude und hoffe, mit **Kotlin***kompakt* schon jetzt deine Begeisterung für diese mächtige Sprache geweckt und dir zu einem guten Start verholfen zu haben :-)

Thorsten Schleinzer, Frankfurt am Main im Winter 2018

Anhang A: Link-Verzeichnis

ID	URL
1	https://kotlinlang.org/docs/reference/functions.html
2	https://de.wikipedia.org/wiki/Boilerplate#Programmierung
3	https://en.wikipedia.org/wiki/Null_pointer#History
4	https://kotlinlang.org/api/latest/jvm/stdlib/kotlin/apply.html
5	https://en.wikipedia.org/wiki/Variable_shadowing
6	https://docs.oracle.com/javase/tutorial/essential/exceptions/tryResourceClose.html
7	https://kotlinlang.org/docs/reference/operator-overloading.html

www.ingramcontent.com/pod-product-compliance
Lightning Source LLC
Chambersburg PA
CBHW041433050326
40690CB00002B/524